Lk 717

LES EAUX

DE

BAGNÈRES-DE-LUCHON.

BAGNÈRES-DE-LUCHON.

A Mon Ami Louis du D......x.

I

Depuis que je vous ai quitté à Lyon, mon cher ami, j'ai vu, comme on dit, bien du pays, j'ai traversé maint et maint département, avant d'arriver à celui de la Haute-Garonne, à l'extrémité duquel est situé Bagnères-de-Luchon, d'où j'ai promis de vous écrire.

J'ai dû nécessairement m'arrêter sur plusieurs points du long et très-long itinéraire que je m'étais tracé. Mais ces haltes de repos ou d'observation seront pour moi seul, si vous le permettez. Vous ne saurez rien ni de ce que j'ai vu, ni de ce qui m'est advenu : je veux même que vous ignoriez par où j'ai passé, et comment je suis arrivé. Ce sont là mes articles secrets. Le voyageur a aussi ses mystères.

Le comte de V....... a écrit longuement sa *promenade de Paris à Bagnères-de-Luchon*, et *de Bagnères-de-Luchon à Paris*, qui serait mieux nommée : *Tour de la France par Bagnères-de-Luchon*, puisque ce dernier lieu occupe à peine trente pages de trois gros volumes, et n'est en quelque sorte qu'une étape, comme tant d'autres, de ce long périple par terre, digne pendant du périple d'Hannon par mer. Et pourtant Bagnères-de-Luchon semble être l'objet principal et le but de sa *promenade*.

Ainsi ne veux faire. Au lieu de trois volumes, vous recevrez une simple *lettre*, mais une lettre où il ne sera question que de Bagnères-de-Luchon et de sa banlieue, à laquelle on peut donner une plus ou moins large extension. Libre à chacun d'aller dans le plus, ou de rester dans le moins. Quant à moi, en ceci seulement, et sans tirer à conséquence, je m'établis dans le juste-milieu, prenant pour mon compte la sage recommandation du Soleil à son fils Phaëton :

Inter utrumque tene, medio tutissimus ibis.

Je n'irai ni très loin, ni très-haut, faute de jambes et de tête. Les pics et les précipices ne sont pas de mon régime. Cette lettre pourrait donc être intitulée : *Bagnères-de-Luchon à la portée de tout le monde*.

Toutefois, et malgré ma résolution de m'en tenir à Bagnères-de-Luchon et à ses dépendances, je ne puis m'empêcher de relever un solécisme topographique, commis lors de la départementalisation de la France, et qui m'a choqué. Après avoir fait quatre lieues de suite dans le département de la Haute-Garonne, vous êtes tout étonné d'apprendre que le village de *Bertrem*, que vous traversez, appartient encore au département des Hautes-Pyrénées, qui est déjà loin derrière vous, lequel village vient se ficher là, comme qui plante un clou chez le voisin pour s'y faire un droit d'inspection et de contrôle. D'où je conclus qu'on ne savait pas trop ce qu'on faisait en 1790. Sait-on davantage ce qu'on fait au moment où j'écris? — Peut-être aussi les montagnes s'opposèrent-elles à une circonscription plus régulière. De là cet empiètement territorial qu'un demi-siècle a comme légitimé, et qui n'en est pas mieux pour cela. Quoiqu'il en soit, passé cette irrégularité, qu'on enjambe en quelque sorte, on reprend le département de la Haute-Garonne, pour ne plus le quitter jusqu'à Bagnères-de-Luchon.

On entre dans cette résidence thermale par une longue avenue de platanes, tirée comme une ligne de verdure entre les montagnes de droite et de gauche, qui ne la dominent pas de trop haut, qui ne la serrent pas de trop près.

La vallée de Luchon, une des plus renommées des Pyrénées, fut autrefois un lac; c'est l'opinion de Ramond et de quelques autres géologues. Sa forme l'indique; et cette exubérence de fécondité, hors de toute comparaison, dénote bien un terrain lacustre. Aujourd'hui, de toutes ces eaux qui l'ont couverte, il ne reste que le ruisseau de la *Pique*, qui la traverse pour l'embellir, et qui l'arrose sans la noyer.

Et ne croyez pas que cette fertilité s'arrête dans la vallée; elle continue sur les croupes environnantes; et, plus haut, elle se cramponne au rocher. Cérès s'est faite Oréade; et le soc de Triptolème se promène au-dessus des abîmes.

Cette belle végétation entre ciel et terre, qui couvre la montagne comme un vêtement, est couronnée par de jolis villages, dont les maisons sont tellement posées, j'ai presque dit entées les unes sur les autres en amphithéâtre à pic, que du grenier de la maison inférieure, on pourrait entrer dans la cave de la maison au-dessus, si cave il y avait, et que, ainsi de grenier en cave et de cave en grenier, on monterait et on descendrait la perpendiculaire du village. Il est évident que ces rupicoles, qui ont le bonheur de mourir si haut, ont, dans le chemin du ciel, une avance de six cents toises au moins sur ceux qui meurent humblement dans la vallée.

Chacun de ces villages a son garde-champêtre ; — vous riez ! — oui, son garde-champêtre, mais principalement chargé de veiller à ce que les enfans ne tombent et n'aillent se perdre dans le gouffre creusé à une incommensurable profondeur au-dessous du roc étroit sur lequel ils jouent; attribution que je ne trouve énoncée nulle part dans le manuel du garde-champêtre, mais qui aura son chapitre, ou du moins son article dans le Code rural, toujours promis, et, comme le dictionnaire de l'Académie, toujours à faire. (1) Vous concevez que ce fonctionnaire à deux fins, sauve plus d'enfans qu'il ne rédige de procès-verbaux.

Derrière ces monts de premier degré, qui, de la base au sommet, étalent leurs fresques végétales, comme une tenture diaprée, autour de Bagnères-de-Luchon, s'élèvent sur un ton de couleur plus sévère, d'autres monts plus hauts, et puis d'autres encore, dominés à leur tour par ces pics sourcilleux qui coupent inégalement le ciel à l'horizon. Cette couronne de neige, posée sur le front aérien de la *Maladetta*, c'est—Dieu me pardonne! et sans offenser Louis-Philippe,— c'est le drapeau blanc arboré ainsi, de toute éternité, par la nature. Allez donc décrocher celui-là !

Vous êtes dans le ravissement, vous demeurez comme en extase devant ces belles perspectives, pour lesquelles vous n'avez pas assez de regards, vous, hôtes passagers de Bagnères-de-Luchon ; mais, il faut bien en convenir, puisque c'est la vérité, le charme n'opère pas également sur les naturels du pays, qui restent indifférens et froids à ces stériles magnificences, au milieu desquelles ils vivent de privations ; véri-

---

(1) Il a paru, mais, à proprement parler, un Dictionnaire n'est jamais fait. Les nouvelles découvertes dont s'enrichit tous les jours la science, toutes ces inventions au profit des arts, si multipliées dans ce siècle de progrès, donnent nécessairement naissance à des mots nouveaux, qu'il faut enregistrer. Ainsi, tant qu'on découvrira et qu'on inventera, rien de complet en lexicographie. Pour bien faire, un Dictionnaire devrait rester sous presse jusqu'à la fin du monde, et ne paraître qu'aux premiers craquemens de la machine.

table luxe ironique qui semble insulter à ceux qui manquent du nécessaire. Les aspects et les sites sont choses admirables sans doute, mais peu substantielles. On n'en vit pas.

Le touriste thermal des Pyrénées, qui veut procéder avec ordre et méthode, doit faire sa première station à Bagnères-de-Luchon, et, de là, visiter successivement l'autre Bagnères, Barèges, Saint-Sauveur, Cauterets, les Eaux-Bonnes, les Eaux-Chaudes et enfin Cambo, qui touche à l'Océan de Biscaye. Toutes ces Naïades, en y joignant celles d'Ax et d'Ussat, dans l'Ariége, et quelques autres dans les Pyrénées orientales, se donnent en quelque sorte la main et font la chaîne, du Canigou à la montagne des *trois couronnes*, cette dernière ainsi nommée, ou parce qu'elle s'élève entre trois royaumes, la France, l'Espagne, la Navarre, ou peut-être parce que son sommet trifurqué figure la tiare pontificale.

Mais, de tous les points de cette ligne infinie de santé, le long de laquelle viennent se ranger, chaque année, les infirmités de l'humaine nature, pour y guérir chacune en son lieu, Bagnères-de-Luchon est, sans contredit, celui où il y a le plus de presse. Toutes les maladies de la peau sont là : et la peau est tout l'homme, aussi bien au moins que le style. (1)

Les eaux de Bagnères-de-Luchon ont leurs analogues dans celles de *Leuk* ou *Louéch*, en Valais. Là, comme ici, assortiment complet des mêmes maladies, dartres avec leurs innombrables variétés, gales fraîches ou invétérées (2), et autres menues propretés qu'il ne faut pas nommer. Dans l'un endroit, des crétins ; dans l'autre, des cagots (3) ; c'est tout

---

(1) Luchon est aussi le rendez-vous des paralysies et des rhumatismes, qui y affluent de toutes parts.

(2) Nous avons, du bon Lafontaine, une pièce de vers en l'honneur de la gale ; ce n'est pas ce qu'il a fait de mieux.

(3) Si les cagots sont, comme quelques-uns le prétendent, les restes infortunés des anciens Goths, vaincus et proscrits, cette appellation, devenue une injure, ne pourrait-elle pas dériver du mot grec *Kakos*, mauvais; d'où, par contraction, ou corruption, *cagot*, méchant Goth?

un ; et, pour dernier trait de ressemblance, des goitreux à faire mal au cœur. Dans les Pyrénées, ainsi que dans les Alpes, le goitre est endémique : il entoure le cou hâlé de la femme du pâtre montagnard, à peu près comme la rivière de diamans entoure le cou superbe de la riche élégante de nos cités. Il y a cette différence que, ici, les pierreries sont un peu ternes, ne chatoyant pas à l'égal du *Régent* ou du *Sancy*. Ce sont autant de stigmates en relief, dont ces tristes créatures sont plus ou moins marquées, et qu'elles portent avec une stupide résignation.

Dans une de mes promenades en dehors de Bagnères, ayant été surpris par un orage, je suis entré, pour m'abriter, dans une misérable cabane, qui ressemblait plutôt à une demeure d'animaux qu'à une habitation d'hommes. Là, pour première figure, s'est montrée à moi une femme entre deux âges, avec l'énorme *Golilla* (1), sous le menton ; parure au grand complet, beau idéal du goitre. Près d'elle étaient occupées à filer une laine grossière, deux jeunes personnes, l'une agée de dix-huit ans, l'autre de seize — c'étaient ses filles, — auxquelles déjà commençait à pousser l'agrément pyrénéen, qui ne fera que croître et embellir. Et, pour en finir avec le personnel de cet intérieur gracieux, dans un coin du tableau, je veux dire du taudis, se tenait accroupi un petit garçon de cinq à six ans, qui riait du rire atone de l'idiot. Voilà, je pense, une famille largement dosée de crétinisme. Ce n'est pas ainsi que les Grecs entendaient le *to Kalon*, qu'il ne faut pas venir chercher ici où, du moins chez les femmes, la laideur est la règle, et la beauté l'exception.

Cette partie des Pyrénées, qui dépend du département de la Haute-Garonne, ou qui l'avoisine, abonde en eaux soufrées ou ferrugineuses, plus ou moins fréquentées. Il y en a à Capvern, à Barbazan, à la Barthe-de-Rivière, à Encausse où

---

(1) Sorte de fraise, bien empesée, bien gênante, pièce essentielle de l'ancien costume de Cour en Espagne, et que notre duc d'Anjou et les seigneurs qui l'avaient suivi eurent bien de la peine à adopter.

vint boire le joyeux Chapelle, qui n'a pourtant pas laissé la réputation d'hydropote, bien qu'il eût voulu se jeter, comme on sait, dans la Seine — après souper, bien entendu. — Une source minérale froide jaillit aussi à Montespan, nom qui réveille un autre souvenir, celui de ce veuf, peu résigné, d'une femme bien et duement vivante; esprit bizarre, boudeur de mauvais ton, auquel on ne put jamais faire entendre que le déshonneur de par le Roi était un honneur, et qui mourut dans son préjugé.

Les Romains connurent les thermes de Luchon, qu'ils embellirent et fréquentèrent tant que dura leur domination dans les Gaules. Nul doute, sur ce point, d'après cette inscription:

LIXONI
DEO
FAB. FESTA
V. S. L. M.

inscription d'autant plus précieuse que, en témoignant de la présence du Peuple-Roi à Luchon, elle fait connaître en même-temps le Dieu protecteur de la contrée, sous les Celtes nos aïeux. Elle fut trouvée sur un marbre votif, quand, vers le milieu du siècle dernier, on eut le bonheur de rendre au jour ces sources célèbres, depuis long-temps perdues pour l'humanité, et qui n'existaient plus que dans la tradition du souvenir.

On sait que les Celtes, peuple éminemment religieux, ne manquaient jamais de mettre le pays qu'ils habitaient sous la protection de Génies ou de Dieux particuliers: chaque localité avait le sien, pour peu qu'elle en valût la peine. Ici, c'était le Dieu *Lixon* qu'on adorait; d'où on a fait Luchon. Il y a des noms qui viennent de plus loin.

Les Romains, à leur arrivée, trouvèrent donc le Dieu Lixon tout fait, et le reçurent de confiance, s'épargnant ainsi la façon d'un autre, qui ne leur aurait guère coûté, soit dit en passant, car c'étaient aussi de grands faiseurs de Dieux que ces Romains qui en mettaient partout; peuple vraiment *divi-*

pare. Mais, sans remonter aux Celtes et aux Romains, chacun de nous n'a-t-il pas, ou ne prétend-t-il pas avoir son étoile particulière? Dans la société chrétienne même, chaque individu ne reconnaît-il pas, là-haut, un ange qui le garde?

Maintenant, quelle était cette *Fabia* ou *Fabricia festa*, nommée dans l'inscription ci-dessus, et qui vint sacrifier au Dieu Lixon? on s'est épuisé, à ce sujet, en conjectures, qui n'ont abouti qu'à des conjectures, ainsi qu'il arrive presque toujours dans ces sortes de recherches. Rien de plus aisé que d'expliquer littéralement les inscriptions, mais en déterminer le sens historique, ou en faire l'application personnelle, *hoc opus, hic labor*. Ici, après avoir long-temps cherché, la science a été forcée de donner, comme on dit, sa langue aux chiens.

Cette autre inscription :

NYMPHIS
T. CLAVDIVS
RVFVS
V. S. L. M.

n'a pas exercé aussi long-temps, ni aussi vainement les érudits. On est à peu près d'accord sur le haut personnage de Rome auquel il faut la rapporter. Elle se lisait, comme l'attestent des témoins dignes de foi, sur le socle d'une statue en pied, d'autres disent d'un buste de Tibère non encore Empereur, déterré en même temps que l'inscription *Fabia festa*, et quelques autres de la même obscurité. Le buste a disparu, on ne sait comment, pour aller on ne sait où, mais on a retenu l'inscription, qui subsiste du moins comme preuve écrite de la haute antiquité de Luchon. Serait-il, après tout, extraordinaire que Tibère, pendant qu'il faisait ses premières armes contre les Cantabres, en qualité de tribun militaire, ou dans le temps qu'il était gouverneur de la Gaule-chevelue dont la Narbonnaise faisait partie ; serait-il, dis-je, extraordinaire qu'il eût fait quelque séjour aux thermes de Luchon, (1) d'où il aurait rapporté la santé, l'ins-

---

(1) Qui ne sont autres que les thermes *Onésiens* de Strabon.

cription le dit ; mais où il ne serait pas devenu bon. Demandez plutôt à Tacite ? (1)

Des fouilles postérieures, pratiquées au même endroit, à peu-près, produisirent d'autres marbres, empreints, comme ceux que j'ai mentionnés, des caractères de la reconnaissance, mais aussi, et en plus grand nombre, des pierres d'*ex-voto*, sans valeur scientifique, et des loques d'antiquités qui ne disaient rien.

Peut-être que, de fouilles nouvelles mieux dirigées, on obtiendrait des morceaux précieux, dont s'enrichirait l'art et s'éclairerait l'histoire. Peut-être aussi, et bien plus probablement, n'en résulterait-il que des marbres défigurés et rompus, qui désoleraient l'antiquaire, ou des inscriptions et des légendes à demi effacées, sur lesquelles pâlirait en vain le numismate.

La voilà donc cette grandeur de Rome, grandeur souterraine sur laquelle on marche, et qui, le plus souvent, ne se lève du sépulcre des siècles que mutilée et par lambeaux, pour aller une seconde fois s'enterrer dans un musée ou un médaillier !

Revenons à Bagnères-de-Luchon qui, après sa longue célébrité romaine, dut nécessairement déchoir sous la domination des Goths, et dont les Sarrazins, vainqueurs de ces mêmes Goths, achevèrent la ruine. La Naïade, justement effrayée, s'enfonça dans sa grotte, et s'y enfonça pour des siècles.

Elle n'en sortit qu'en 1764, et encore grâce au maréchal de Richelieu (2), qui fit sonder et creuser à l'endroit où on soupçonnait qu'elle avait disparu. On eut le bonheur de dé-

---

(1) Du temps du chroniqueur Oïénart (*notitia utriusque Vasconiæ*) on avait déterré, à Bagnères-de-Bigorre, des médailles d'or, à l'effigie de Tibère : TI. CÆSAR. DIVI AVG. F. AVGVSTVS. Autre preuve de la présence de l'adopté d'Auguste dans les contrées Pyrénéennes.

(2) Il tenait alors les États du Nébousan à Saint-Gaudens.

couvrir sa retraite, d'où on la retira pleinement rassurée; car ce n'étaient plus des barbares qui se précipitaient pour lui faire violence, mais un chevalier Français qui se présentait en libérateur. Disons la chose plus simplement : les fouilles eurent un plein succès, les sources reparurent, et, avec elles, ces marbres dont j'ai parlé, vieux témoin de leur vieille illustration.

Ce fut donc le brillant séducteur des hautes divinités de l'Olympe de Versailles qui vint débarbouiller la Naïade fangeuse de Luchon, dont il eut l'étrenne, et qui dut le guérir par reconnaissance, si tant est qu'il eût besoin de guérison.

Les sources une fois découvertes, on dut s'occuper de leur réhabilitation. Il fallait les mettre en état de reprendre leur rang dans le monde thermal. A cet effet, des travaux furent commencés avec ardeur, et suivis plus ardemment encore par l'intendant d'Etigny, cet administrateur de génie qui, dans tout ce qu'il exécutait, trouvait le moyen de faire de la grandeur en faisant de l'utilité.

A-peu-près vers ce même temps, se trouvaient à Bagnères-de-Luchon la princesse de Ligne, et la comtesse de Brionne, venues pour saluer et reconnaître cette heureuse restauration, qui s'installait à peine, et qui probablement leur rendit en santé ce qu'elle en recevait en hommages.

Ainsi un Français illustre, et deux femmes de haut lignage qui donnaient le ton à la Cour de Louis XV, dont elles faisaient l'ornement, vinrent relever ces grandes ombres romaines qui attendaient là depuis des siècles, et donnèrent comme le branle à cette seconde célébrité, qui ne finira pas de sitôt; tout l'annonce.

His ego nec metas rerum, nec tempora pono.

Nous connaissons, vous et moi, une autre restauration, qui n'avait pas, il faut le croire, ce principe vital de durée : aussi n'a-t-elle pas été loin.

Il en a été des sources de Luchon, comme de ces mots d'une langue, tombés en désuétude, qui reparaissent tout-àcoup, d'autant mieux accueillis et fêtés qu'ils reviennent de loin, et dont la résurrection est un rajeunissement.

L'établissement de Bagnères-de-Luchon ne fut pas d'abord ce que nous le voyons aujourd'hui. Il ne consista long-temps qu'en une piscine banale et presque en plein air, où l'on barbottait en commun, qui avec sa tumeur, qui avec son rhumatisme, qui avec sa plaie, qui avec, etc. etc., et d'où on émergeait toujours soulagé de ses maux, et de plus, radicalement guéri de l'orgueil, cette lèpre universelle de l'espèce humaine. Quelle leçon, en effet, pour l'orgueil, et en même temps quel remède que ce pêle-mêle d'infirmités, que ce côte à côte de misères, exposées par chacun aux yeux de tous ! Et qui aurait pu rester fier encore sous le niveau de cette humiliante égalité de souffrances, de toutes les égalités, sans contredit, la plus positive et la plus dure ?

On a proposé dernièrement l'abolition de la peine de mort. Oh ! j'applaudis plus que personne à ce beau mouvement d'humanité : je me réjouis d'avance de l'affront qu'on prépare à la mémoire de ce bon M. Guillotin, qui n'aura plus rien inventé. Mais, ne feriez-vous pas mieux, philanthropes si bien intentionnés, dignes continuateurs de Beccaria, de commencer par abolir les peines et les misères de la vie ? Tout le genre humain vous en remercierait, moins toutefois les habitans des lieux thermaux, qui en vivent de ces misères, et qui seraient bien contrariés s'il n'y avait plus ni paralysies, ni rhumatismes, ni pulmonies, ni démangeaisons suspectes, ni, ni, etc...

Ce n'est que de nos jours que l'établissement de Bagnères-de-Luchon s'est élevé à ce grandiose qui le distingue entre toutes les notabilités thermales des Pyrénées. Il fut achevé en 1809, quatre ans après que la première pierre en avait été posée. Grand débat, avant de mettre la main à l'œuvre, entre ceux qui voulaient qu'on bâtît contre la montagne, aux sources mêmes, et ceux qui insistaient pour que l'édifice présentât sa façade à l'*Allée*—que je vous ferai connaître plus tard.—Selon les premiers, les eaux en s'éloignant de la source, devaient se refroidir dans le trajet, se dénaturer et nécessairement perdre de leur vertu. Les seconds soutenaient, au contraire, que ces mêmes eaux, étant à un trop haut degré de chaleur pour être employées sans mélange d'eau froide, elles arriveraient où ils voulaient les conduire, assez chaudes encore, et avec leurs qualités essentielles. Enfin, comme on le voit presque toujours, l'opinion qui devait le moins triompher, l'emporta. Le bâtiment est venu s'adosser à la montagne, et prendre en quelque sorte chez elle la Naïade, qui s'est trouvée ainsi magnifiquement logée, sans sortir de sa grotte. Mais, si un jour l'opinion contraire, qui, dans cette question de localité, était le bon sens même, venait à prévaloir; si le parti vaincu devenait vainqueur à son tour, pour l'exécution de son plan, il ne faudrait rien défaire dans le bâtiment actuel qui n'aurait pas loin à aller. Il suffirait d'une évolution de droite à gauche, suivie du commandement de front ; et tout l'atelier thermal, après avoir pivoté sur lui-même, se trouverait, par un coup de baguette, vis-à-vis l'*Allée*. C'est ainsi que l'avait conçu M. de la Chapelle, dernier Intendant de la Généralité d'Auch.

En attendant cette locomotion thermale, indéfiniment ajournée, et qui n'aura peut-être jamais lieu, voyons le bâtiment où il est et comme il est.

Cet édifice vraiment remarquable, de forme carrée ou à peu près, et dont la façade principale regarde l'orient, présente, à l'entrée, un vestibule spacieux, manière de bazar, où sont étalées des marchandises de tous genres et de tous prix, du plus bas au plus haut de l'échelle industrielle, depuis le vulgaire calicot jusqu'au somptueux cachemire, depuis l'allumette à tête de soufre jusqu'à l'épingle d'or à tête de diamant. Cette espèce d'*atrium* est, en même temps, la salle des pas perdus pour la clientelle thermale *mane salutantûm*, qui s'y promène en attendant l'audience de la Naïade, laquelle donne son heure à chacun. Il y a quasi étiquette à cette Cour, où le triste présenté s'avance claudicant sur sa béquille, ou poussant les hauts cris sur un brancard. Singulier cérémonial!

Trois galeries voûtées, qui n'en font qu'une, régnent le long des trois autres côtés du bâtiment, distribuées en jolis cabinets qui reçoivent le jour de ce corridor claustral, comme celui-ci le reçoit d'une cour intérieure sur laquelle il ouvre. De ces cabinets, quelques-uns sont à deux baignoires, le plus grand nombre à une seule, et toutes en marbre. Le marbre est ici plus commun que le bois.

Les deux bâtimens dits de *Richard* et de *Ferras* n'égalent pas, mais ne déparent pas non plus l'édifice principal. Ce sont, en quelque sorte, les latéraux de la grande nef thermale, contre laquelle ils s'appuient. Qu'il y a loin, en retrogradant, de cette magnificence de palais au misérable hangar qui abritait à peine le cloaque primitif !

Mais sous cette parure extérieure, sous cette élégance architecturale, est caché un vice interne que je dois signaler ; c'est, au lieu de l'éponge qui laverait réellement, l'emploi dans les baignoires du balai qui ne fait que racler, et ne décrasse pas ; mode expéditif de nettoiement pratiqué de même sur toute la ligne thermale des Pyrénées, où le balai est classique et fait propreté. Mais si l'on veut être guéri, il faut croire. La foi n'a point d'yeux.

Disons le donc sans détour : ces belles baignoires de marbre ne sont pas tenues comme elles devraient et pourraient l'être. Il leur manque évidemment ce confortable d'avenance, qui, s'il n'est pas la vertu, en est du moins la grâce et comme le sourire. Et moi qui n'ai, grâce à Dieu, d'autre prurit que celui de la curiosité, et qui, en fait de bain, compte la propreté pour beaucoup, et pour presque rien la vertu, j'y regarde à deux fois pour me baigner, et c'est toujours en tremblant. Je me crois même en conscience obligé d'avertir ceux qui, ainsi que moi, viennent à Luchon seulement par fantaisie et en amateurs, qu'ils pourraient bien prendre sans miracle, dans ces baignoires équivoques ; le mal qu'un autre y aurait laissé. Et certes, elle est nombreuse la famille des maladies qui se prenment. Le docteur Alibert (1) le savait bien, lui dont elles ont fait la gloire et les délices.

Ce n'est pas qu'on ne soutienne ici que celui qui n'a aucun mal, ne court pas le plus petit risque en se baignant après celui qui les aurait tous, et qu'on sort de là aussi pur qu'on peut y être entré, fût-ce après un Job ou un Lazare; mais n'a-t-on pas aussi voulu nous faire croire que le choléra n'était pas contagieux !

C'est la part de la critique que je viens de faire ; l'éloge est dû à tout le reste. On n'a rien épargné à Luchon pour que tout fût bien. Le service thermal s'y fait avec un ordre admirable, et — vous allez vous étonner ! — la police même y est grâcieuse. Douce est la tâche de l'écrivain quand la vérité du bien l'emporte sur la vérité du mal !

S'il venait par la suite à se glisser quelque petit abus dans cette grande manutention thermale, ce serait certainement à l'insu de M. Barrié, médecin-inspecteur actuel, qui, fils et petit-fils d'inspecteurs comme lui, connaît son devoir et le remplit. Le nom oblige : il n'en est pas de cette responsabilité comme de celle des ministres. Dans la famille Barrié, l'art de guérir se transmet en héritage : c'est comme qui dirait la médecine dans le sang. Tels ont été les Bordeu.

M. Barrié est donc ici le médecin du privilège. Mais il guérirait bien sans cela, et par la seule confiance qu'il inspire, ainsi que le fait le docteur Barrau, autre guérisseur distingué de Luchon qui, par parenthèse, sait autre chose que la médecine, et qui communique ce qu'il sait avec la plus obligeante politesse.

J'ai dit plus haut que, si le plan de M. de La Chapelle avait été exécuté, le bâtiment thermal se trouverait, non à côté, mais en face de l'*allée*, qui lui servirait alors véritablement d'avenue. Et qu'elle avenue ! M'y voici enfin.

Figurez-vous, sur une longueur de trois cent cinquante toises au moins, quatre rangs de magnifiques tilleuls qui, en

---

(1) Mort l'année dernière.

grosseur et en élévation, n'ont peut-être pas leurs pareils dans toute la France ; colonnes naturellement striées avec leurs hauts chapiteaux de feuillage : c'est ce qu'on appelle l'*Allée*. On devrait dire les allées, car il y en a trois ; la principale d'abord, et puis les deux autres en forme de bas côtés. Mais on ne dira plus bientôt ni l'allée ni les allées. Ce singulier et ce pluriel vont se perdre dans un nom que ce beau promenoir attendait depuis bien long-temps. Il est donc vrai que la reconnaissance est un fruit tardif sous toutes les latitudes ! il lui a fallu soixante-dix ans pour mûrir à Luchon, mais enfin il a mûri ; et ces superbes allées, anonymes jusqu'ici, vont s'appeler désormais *Cours d'Etigny*, du nom de celui qui les a plantées, et qui fut une véritable providence pour le pays dont il renouvela la face, après l'avoir tiré de mort à vie.

Parallèlement à ces allées, et dans toute leur longueur, s'alignent, de chaque côté, des maisons d'une blancheur éclatante, qui passent ou semblent passer derrière ces arcades de verdure, entre lesquelles elles se montrent par échappées aux promeneurs de la grande allée, frappés de cette espèce de fantasmagorie. Là se logent de préférence les étrangers d'élite ; là se trouvent toutes les aises et les somptuosités de la vie ; là est le mouvement et le bruit ; là tout Luchon à proprement parler ; car la ville ne commence à recevoir des hôtes que quand tout est plein dans le brillant quartier de l'allée.

Et ces maisons, dont chacune a son jardin ; ces mille tilleuls, péristyle végétal déployé devant elles ; la montagne d'un côté, de l'autre la vallée, tout cet ensemble unique produit l'effet d'une décoration de théâtre. Je dis mal ; car, au théâtre, l'illusion est pour les yeux seulement, au lieu que, dans cette décoration-ci, toute réelle, toute positive, on marche, on se rencontre, on converse, on a son logement. C'est une vérité enfin, et pas comme la Charte.

De Bagnères-de-Luchon-thermes, dans lequel j'ai compris les allées et les maisons qui les bordent, qui en sont les appendices, passons à Bagnères-de-Luchon-curiosité. Celui-ci est le complément de celui-là, et l'un ne va pas sans l'autre.

. . . . . . Alterius sic
Altera poscit opem res, et conjurat amice.

Entrons d'abord dans l'église, qui n'est ni gothique, ni du moyen âge, encore moins de la renaissance, n'appartenant à aucun ordre d'architecture connu. Elle serait de l'ordre bizarre, s'il y en avait un. (1)

La voûte est portée par seize lourds piliers — six ou huit la soutiendraient aussi bien —, à travers lesquels filtre en quelque sorte la lumière des vitraux, pour distribuer à tout l'édifice ce jour égal et sombre, si favorable à la pensée religieuse, qui vit de mystère autant au moins que de clarté. Mais le trop est trop; et ces seize piliers obstruent la maison du Seigneur plus encore qu'ils ne la soutiennent. Il résulte de cette espèce de tant plein tant vide, que l'église ne contient que la moitié des chrétiens qu'elle contiendrait sans cet embarras, et que le plus grand nombre de ceux qui assistent au service divin, ne voient, de derrière ces masses de pierre, ni le prêtre, ni l'autel. Mais si l'église n'est déjà pas trop grande pour les fidèles de l'endroit, qu'est-ce donc quand la population accidentelle vient doubler cette population locale et de toujours, si attachée d'esprit et de cœur à tout ce qui est culte ou cérémonies? Il faut voir surtout les Luchonnais aux funérailles; chez eux rien n'est soigné comme les enterremens; et voici, entre autres, un usage tout particulier qui s'y pratique. Une quantité de pain ou de froment, plus ou moins considérable, est posée sur le cercueil par les parens du défunt, et constitue presque en totalité l'offrande funéraire

(1) Quelques-uns prétendent que l'église de Bagnères-de-Luchon a été bâtie par les Templiers. Mais, si cela était, on y verrait encore, ce me semble, les ouvertures ou du moins les marques de meurtrières dont étaient percées la plupart des églises de ces moines guerriers qui, au besoin, s'y fortifiaient comme dans des citadelles. Il n'y a qu'à voir l'église de Luz, dans la vallée de ce nom. Celle-ci a, sans conteste, appartenu aux Templiers. Ses murs encore crénelés témoignent de cette possession.

qui, après avoir passé par le prêtre qui la bénit, va de droit aux pauvres, auxquels elle est distribuée, et qui en sont les consommateurs. Ainsi le mort nourrit le vivant, et le banquet est, pour ainsi dire, servi sur la tombe. Touchant usage qui prouve à lui seul un peuple essentiellement religieux! Je l'ai entendu, ce bon peuple, regretter du fond du cœur la procession votive du 15 août, et s'affliger du renoncement de la France à la protection de Marie. Il veut bien qu'on chante et qu'on prie pour Louis-Philippe; mais il n'oublie pas Louis XIII. Ici le présent n'a pas déshérité le passé.

Si jamais vous venez à Saint-Béat, levez les yeux vers le pic le plus vertical de ceux qui pendent menaçans sur cette gorge habitée. Quel sera votre étonnement à la vue d'une croix de bois debout sur le rocher, et que vous pourriez croire n'avoir pas reçu de visite d'homme, depuis le hardi chrétien qui la planta, si je vous laissais ignorer que, à certains jours solennels, des milliers de chrétiens plus hardis encore, par pieuses escouades, et en chantant les saintes litanies, escaladent cet âpre calvaire qui, vu d'en bas, semble le point de jonction de la terre avec le ciel, et d'où, après avoir adoré et prié, ils redescendent, pèlerins recueillis, pour aller, avec cette confiance qui est toujours l'effet d'un acte de dévotion accompli, reprendre leurs occupations ordinaires dans la vallée, protégés qu'ils se croient fermement, contre le roc qui les menace, par le signe rédempteur qui les rassure!

La vallée de Saint-Béat va se joindre à celle d'Aran, dont elle n'est séparée que par le *Pont-du-roi*, ou plutôt des rois, car l'une moitié appartient à la France et l'autre à l'Espagne. C'est la seule solution de continuité entre les deux royaumes.

Mais, cette vallée d'Aran, que je ne fais qu'indiquer, une lettre à part suffirait à peine pour vous la faire connaître dans ses mœurs, ses coutumes, son régime, avec ses trente-trois villages et sa population de douze mille âmes, population hermaphrodite, si j'ose le dire, qui n'est ni tout-à-fait française, ni tout-à-fait espagnole, mais un peu l'une et l'autre. C'est un petit état posé là, entre deux grands empires, comme pour en empêcher le heurt.

Grands et nombreux étaient les priviléges dont jouissaient ces deux vallées jumelles, qui furent confirmés par nos rois, à partir de Louis XI jusqu'à Louis XIV, et qui existaient long-temps avant la réunion du comté de Comminges à la couronne. Ils étaient énoncés dans une espèce de charte octroyée aux deux peuplades de St.-Béat et d'Aran, par leurs souverains respectifs; véritable traité synallagmatique, connu sous la dénomination de *lies et passeries*, renouvelé au commenment du seizième siècle, sur la limite des deux royaumes, au nom des rois de France et d'Aragon, et dont le principal article était ainsi conçu : « En temps de guerre, les habitans « des vallées françaises pourront commercer avec leurs voisins « les Espagnols, et faire l'échange de leurs marchandises, « comme en temps de paix, dans les lieux dont la désignation « est donnée, etc. etc. » (1)

Le poète qui a dit :

L'impraticable paix de l'abbé de Saint-Pierre,

aurait retenu son vers, s'il eût connu les deux vallées amies de Saint-Béat et d'Aran.

Bonaparte qui prenait tout ce qui était à sa convenance, et le reste, s'était appliqué la vallée d'Aran, qu'il avait attachée au département de la Haute-Garonne. Certes, il pouvait bien retenir trente-trois villages d'un royaume qu'il donnait. Mais les conquérans, comme on l'a dit, ne possèdent pas, ils ne font qu'occuper. Vérité historique que les évènemens ne sont pas venu démentir : par le traité de 1814, les Aranais sont retournés à leur souverain légitime.

Au reste, la vallée d'Aran, toute en dedans de la France, avec laquelle ses communications sont bien plus faciles, qu'avec la Catalogne dont elle dépend, devrait nous appar-

---

(1) Le traité primitif était écrit en gascon.

tenir, ainsi que la vallée de Bastan, qui fait partie de la Navarre espagnole, quoique bien évidemment dans la Navarre française. Ce sera quelque jour un procès à intenter à Charles V ou à Christine. Auquel des deux ? Attendons.

D'autres vallées moins considérables, mais qui ne sont pas à dédaigner, se groupent, à une distance respectueuse, autour de celle de Bagnères, leur maîtresse à toutes, et lui font comme une ceinture d'honneur : ou, si vous aimez mieux que je procède par personnification, ce sont autant de demoiselles de compagnie, attachées à la haute et puissante dame de Luchon, qui les protége, et qui permet aux amateurs de les courtiser. Telles sont les vallées d'*Oueil*, de *Larboust*, du *Portillon*, du *Lys*, etc. etc. Arrêtons-nous à cette dernière, si manifestement distincte de toutes les autres, originale, si l'on peut s'exprimer ainsi, et qui est toujours la préférée par ceux qui ont écrit sur leur agenda thermal, qu'ils n'en visiteraient qu'une.

Et d'abord étonnons-nous qu'on lui ait laissé son nom, car on aurait pu la débaptiser, comme on a débaptisé tant d'autres choses, par exemple, les *bains Caroline*, à Dieppe, et plus tard le *Carlo-Alberto*. Mais, si l'opération métonymique avait été pratiquée sur la vallée du Lys, quel nom aurait-elle aujourd'hui cette vallée tant visitée ? Le même qu'elle a, probablement, car il est des noms qui regimbent et se dressent contre les ordonnances qui, en les frappant, les fortifient au lieu de les tuer, *merses profundo pulchrior evenit ;* des noms tellement consacrés que, malgré la défense, et peut-être à cause de la défense, on continue à les prononcer, ou par sentiment ou par habitude. Ainsi, il y a à parier que les guides de Luchon, qui vous mènent, comme par le passé, à la vallée du Lys, vous y mèneraient encore, *quand même.*

La vallée du Lys — puisque on l'appelle encore de ce nom — à laquelle je viens de payer mon tribut de curiosité, a, comme je l'ai indiqué, un aspect tout particulier, pastoral sans mélange, une physionomie caractéristique, un régime spécial, en un mot. Là, pas une habitation d'homme, proprement dite, mais des granges à l'infini, les unes éparses, les autres alignées en rues qui forment ville, ville de troupeaux exclusivement, dont la population intermittente, comme les eaux de certaines fontaines, disparaît tout entière, à jour fixe, s'en allant en villegiatura d'été sur la montagne, d'où elle redescend en octobre, pour venir profiter des derniers herbages dans la vallée. Après quoi, et le tour des neiges venu, les citoyens, à cornes ou non, de cette vaste *Bucopolis*, prennent définitivement leurs quartiers d'hiver dans ces châlets-casernes, où ils consomment les fourrages secs emmagasinés pour eux. Et chaque année ramène les mêmes migrations, ponctuellement périodiques.

Je mentionnerais les deux belles cascades qui se précipitent dans la vallée que je décris, si ces torrens verticaux n'étaient comme l'accompagnement obligé de presque tous les sites des Pyrénées, et en quelque sorte les lieux communs de la haute poésie des montagnes. C'est une véritable prodigalité de la nature, qui semble dire :

Aimez-vous la cascade ? on en a mis partout.

Mais la magnifique cataracte de *Séculéjo* sort évidemment de la plèbe des cascades, et se détache en reine de toutes ces médiocrités vulgaires qui s'effacent ou du moins ne comptent pas devant elle. Cette merveille des Pyrénées sera, si vous le voulez bien, le bouquet de ma promenade lixonnienne.

Imaginez par la pensée, car ici la description exacte est impossible ; imaginez ce que doit être cette prodigieuse colonne d'eau, ou, pour mieux dire, ce fleuve aërien qui, tombant de neuf cents pieds de haut, a creusé d'abord, et alimente depuis des siècles, un lac de forme ovale, auquel Ramond donne deux cent mille toises carrées de surface, et dont la profondeur, au rapport d'un jaugeur géologue (1), est

---

(1) M. Nérée Boubée, jeune savant auquel les Pyrénées sont redevables déjà de tant de précieuses découvertes, et qui sonda sur tous les points la profondeur du lac de *Séculéjo* ou d'*Oo*, en septembre 1830.   L. D.

de deux cent trente pieds dans quelques endroits, et, nulle part de moins de cent vingt-cinq. Croyez-vous que le bassin soit digne du jet d'eau ?

Qui sait si, sur ce lac, les Romains, peuple extraordinaire en tout, ne se sont pas donné jadis le spectacle d'une naumachie? Une naumachie au sommet des Pyrénées! le peuple-roi en aurait les gants.

Aujourd'hui toute cette marine, si marine il y a eu sur cette petite mer, suspendue entre le ciel et l'abîme, se trouve réduite à une simple barque, entretenue par la municipalité de Luchon, pour l'amusement des amateurs de promenades sur l'eau. Et c'est ici le lieu et l'occasion de remercier cette autorité locale, qui ne néglige rien de ce qui peut contribuer à l'agrément des étrangers (1).

Quatre autres lacs s'élèvent, disposés en étages, sur le premier et grand lac, dont ils ne sont que les diminutifs. Le troisième est tout-à-fait et toujours glacé, en juillet comme

---

(1) Le Maire actuel de Bagnères-de-Luchon est M. Barrau, chez lequel on a loué, quelques pages plus haut, la science du médecin et les qualités de l'homme du monde. Son prédécesseur démissionnaire était M. Azémar aîné, que d'unanimes regrets ont accompagné dans sa retraite. C'est M. Azémar qui, en moins de sept années, a fait l'hôtel-de-ville, la maison d'école, le chemin du *Portillon* qui unit la vallée de Luchon à la vallée d'Aran ; c'est lui qui a coupé les boulevarts et planté les jeunes allées, qui a agrandi l'établissement thermal, et qui par de nouvelles saignées pratiquées aux sources, a augmenté leur capacité quotidienne de plus de soixante bains. L'administration si éclairée de M. Azémar, les soins si intelligens qu'il a donnés aux intérêts de sa commune et les sacrifices de tout genre qu'il leur a faits, lui assurent la reconnaissance traditionnelle de ses concitoyens et de leurs nombreux visiteurs de tous les étés. — L'auteur de cette note, qui a personnellement pu apprécier tout le bien que M. Azémar a fait, et qui a été initié par lui à tout le bien qu'il espérait encore faire, est heureux de rendre ici à l'ancien Maire de Bagnères-de-Luchon un hommage public d'estime et de sympathies, qui est l'expression vraie, quoique imparfaite, et l'écho fidèle, quoique affaibli, des sentimens d'une double population d'exotiques et d'indigènes.   L. D.

en décembre ; de sorte que ceux qui se sont promenés en bateau sur le lac inférieur navigable, pourraient, pour se donner un nouveau plaisir en changeant d'exercice, glisser en patins sur le lac glacier. Les deux autres, à peu près inabordables, ne sont visités que par les curiosissimes. Les curieux raisonnables ne passent pas le troisième ; et je m'en suis contenté.

Soit donc close ma lettre, ainsi que je l'ai annoncé, par la double merveille de Séculéjo, bien que, dans le rayon que j'ai embrassé, je pusse trouver et d'autres grands accidens à signaler, et d'autres sites non moins remarquables à faire passer sous vos yeux. Mais, ainsi que l'historien ne doit pas s'étendre, sans règle ni mesure, en réflexions sur les faits qu'il raconte, ne se permettant juste que celles qu'il faut pour mettre sur la voie le lecteur dont la sagacité veut aussi s'exercer ; de même le topographe doit se garder de décrire minutieusement tout ce qu'il a rencontré çà et là sur son chemin ; car il sait qu'il y a deux curiosités : l'une, impatiente de jouir, qui n'a de repos que quand elle est satisfaite, n'importe comment ; l'autre, plus raffinée, j'ai presque dit plus sensuelle, qui veut seulement être avertie et mise en quête.

Ce considéré, je termine, afin qu'il reste à Luchon quelque chose d'inédit pour ceux qui viendront après moi.

PAU, IMPRIMERIE DE VERONESE.

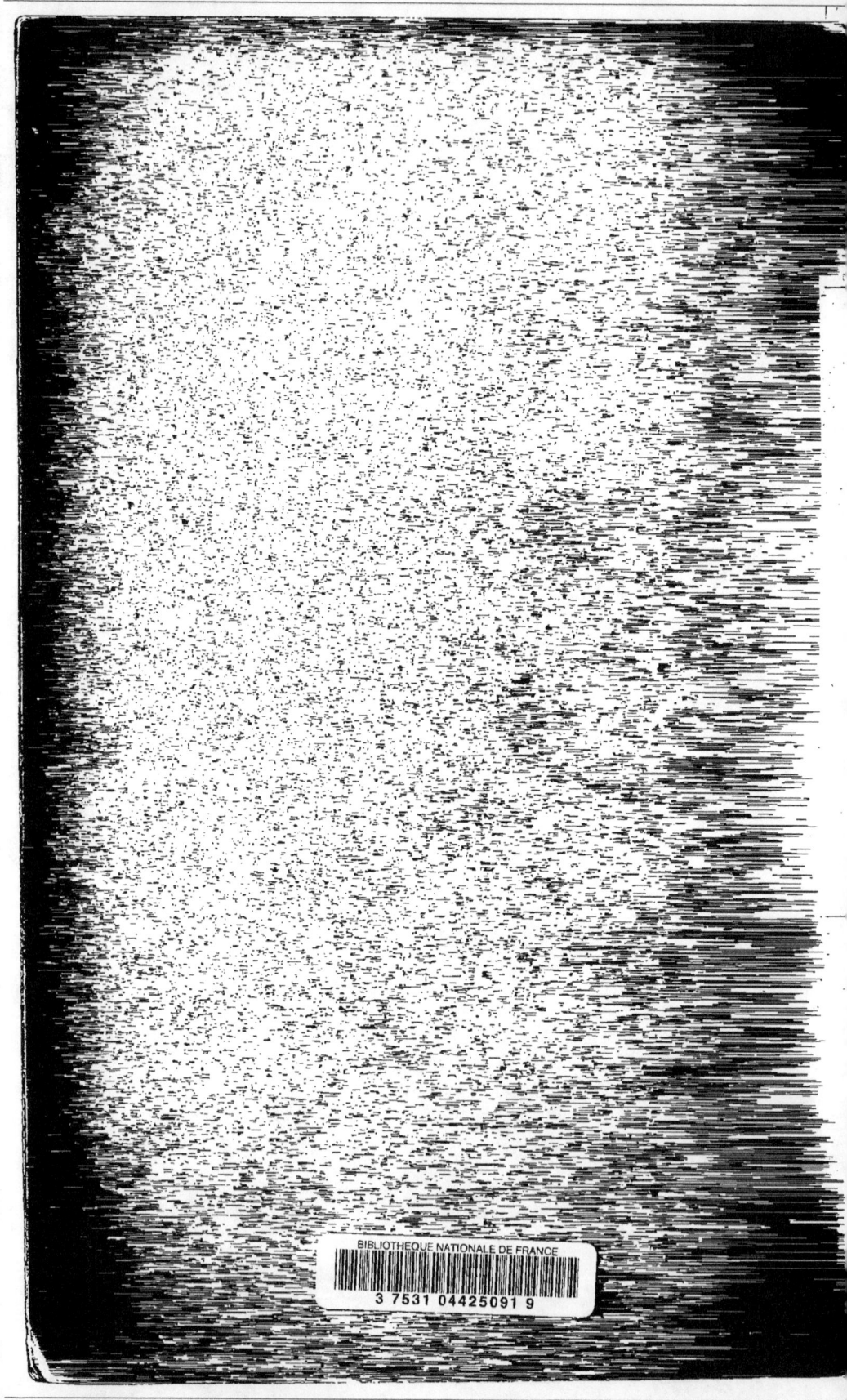

www.ingramcontent.com/pod-product-compliance
Lightning Source LLC
Chambersburg PA
CBHW060602050426
42451CB00011B/2044